DE

L'ÉTAT DES PARTIS

EN FRANCE,

ET DE LA MARCHE A SUIVRE PAR LE GOUVERNEMENT.

Par A. RANDOUIN.

PARIS,

ALEXANDRE MESNIER, LIBRAIRE,

PLACE DE LA BOURSE.

Novembre 1830.

DE
L'ÉTAT DES PARTIS
EN FRANCE,

ET DE LA MARCHE A SUIVRE PAR LE GOUVERNEMENT.

Un moyen infaillible d'apprécier la véritable situation d'un pays, c'est d'examiner l'état moral de la société, et cet état moral se révèle par la nature, la tendance et la force des différentes opinions qui partagent les esprits; si ces différentes opinions, quels que soient d'ailleurs leur principe, leur forme et leur expression, aboutissent toutes en définitive à un but commun, l'intérêt général, on peut en toute sûreté porter un jugement favorable sur les destinées d'un peuple chez lequel règne une si louable émulation du bien public, et cet heureux horoscope devra se modifier en bien ou en mal, selon qu'il existera plus ou moins de sympathie, plus ou moins d'incompatibilité entre les doctrines et les prétentions des différens partis; cette théorie ne saurait être contredite; essayons d'en faire l'application à la France, que le monde entier contemple, et voyons à déterminer si les symptômes qui nous apparaîtront, sont propres à inspirer la crainte ou la confiance.

De l'état des partis.

Cette grande question de l'état des partis en France, après avoir été longuement discutée, d'une part, avec loyauté, courage et persévérance, de l'autre, à l'aide de tous les argumens ou spécieux ou coupables, depuis l'hypocrisie jusqu'à la menace, depuis la menace jusqu'au canon, cette dernière raison des rois, vient enfin d'être décidée solennellement à la gloire de la nation, et à l'admiration de l'univers.

Depuis 1814, quatre partis s'agitaient en France, sous les dénominations suivantes :

Les Royalistes ou Absolutistes,

Les Bonapartistes,

Les Républicains,

Et les Constitutionnels ou Libéraux.

Le parti royaliste, composé de tous les émigrés qui avaient revu le sol natal avec les Bourbons, de quelques esprits rétrogrades, de quelques familles féodales, et d'une nuée de valets, n'était fort, comme son chef, que de son aveugle confiance ; ces hommes qui avaient nourri 25 ans la haine d'une patrie qui les répudiait, rentrés enfin à la suite des armées ennemies, ne purent se déshabituer de considérer la France comme leur conquête; antipathiques à nos goûts, étrangers a nos mœurs, ignorans de nos lois, n'ayant pas l'idée de ce qu'est un peuple, parce qu'ils disposaient des emplois, commandaient les armées, puisaient au trésor, ils se croyaient maîtres de tout, se contemplant comme des géans, et n'apercevant les autres que comme des pygmées, se prétendant seuls propres aux affaires, et dans leur présomption stupide frappant tout le reste d'incapacité, jusqu'à ce qu'enfin une grande épreuve vint faire justice de tant de forfanterie, et réduire toute cette fumée à sa juste valeur. Où sont maintenant les sophistes éhontés qui écrivaient qu'un ministère de gauche, c'est-à-dire national, n'était pas possible en France; qui, blasphémant contre les élections, disaient que toute la puissance du libéralisme était basée sur l'intrigue et l'audace du comité directeur, et s'écriaient dans un langage homicide à la fois et insensé : « *Vienne le jour des coups de fusil, et nous verrons de quel côté sera la majorité.* » Il est venu ce jour des coups de fusil, si follement invoqué, il a lui sur la France ce jour où d'immortels lauriers ont été moissonnés par ce peuple que l'on dévouait à la glèbe, et qui a grandi jusqu'à l'héroïsme ; ce jour où les braves Parisiens, dont la longanimité et la résignation s'étaient contentées depuis quinze ans de triompher par la légalité, se sont enfin résolus à triompher par la force, quand la force elle-même est devenue un moyen légal. En face de cette vérité éclatante à tous les yeux, quand des soldats valeureux, mais égarés par un faux point d'honneur, par une fausse idée de la discipline militaire, ont combattu, trois jours durant, contre l'opinion publique transformée en armée citoyenne, sans qu'un seul renfort, une seule recrue, un seul volontaire soit venu se joindre à eux dans cette lutte acharnée, où s'agitaient les destins d'une dynastie de huit siècles, qui pourrait dire qu'il existe en France un parti royaliste dans le sens de l'absolutisme ou de l'ultramontanisme? Ce parti tout entier s'enveloppe sous une soutane, ou se trahit à un rabat; ce n'est donc pas un parti, mais une secte, et c'est à tort qu'elle s'appellera royaliste cette secte qui a tué des rois, et qui n'en a pas sauvé, secte ingrate et égoïste qui obstruait toutes les avenues du trône, et qui a préféré la chute et l'expulsion du prince qu'elle avait fasciné, plutôt que d'ouvrir un peu ses rangs pour livrer passage à la vérité qui voulait se faire jour jusqu'à lui. A Dieu ne plaise que je confonde avec les indignes disciples d'Escobar, les vertueux prêtres qui, comprenant leur mission évangélique, répètent avec Jésus-Christ, « Mon royaume n'est pas de ce monde. » Aux premiers temps du christianisme, ce sont les prêtres eux-mêmes qui, dans l'impuissance de lutter contre la force brutale de l'invasion barbare, ont établi la distinction du pouvoir spirituel et du pouvoir temporel; ce que les Pères de l'Eglise ont fait en vue de la barbarie, que leurs successeurs le fassent en vue de la civilisation et des lumières; qu'ils se contentent de régner dans le sanctuaire, et ils vivront paisibles et honorés.

Voilà donc le parti royaliste réduit à sa plus simple expression, à sa véritable importance, c'est-à-dire au jésuitisme.

Quant aux Bonapartistes, ce sont des hommes d'exécution et de courage, dont l'élan avait été brusquement interrompu, et qui frémissaient d'indignation en voyant leur valeur méconnue, leur patriotisme insulté, et leur énergie condamnée à s'éteindre dans la langueur d'une cruelle inaction. Leur honneur même était attaqué ; d'infames libelles, des chansons dégoûtantes, les comparaient insolemment à des aventuriers, à des bandits de grande route, et leur chef héroïque était ravalé au niveau de Cartouche et de Mandrin ! Sans doute le régime qui tolérait, qui encourageait des injustices aussi révoltantes, ne pouvait réclamer une grande part d'affection, et *les brigands de la Loire* devaient garder rancune à *notre père de Gand* ; on les signalait comme les soldats d'un homme, quand ils n'ont jamais été que les soldats de la patrie ; ce qu'ils regrettaient de l'empire, c'étaient l'indépendance extérieure du pays, la gloire de nos armes, le respect de l'Europe, l'émulation excitée dans tous les rangs, dans toutes les carrières, les préjugés étouffés, le clergé contenu, la médiocrité repoussée, les capacités en honneur. Mais du moment où tous ces braves, qui ont arrosé de leur sang tant de champs de bataille, eurent cessé d'être des ilotes dans leur propre pays, du moment qu'ils eurent revu ces couleurs qu'ils chérissaient, parce qu'ils les avaient illustrées, du moment où ils eurent retrouvé les chefs qui les avaient si souvent conduits à la victoire, où la gloire de l'empire fut franchement acceptée, où cette figure historique du grand homme fut offerte sans ombrage et sans crainte aux regards et aux applaudissemens de la foule empressée, du jour enfin où la pensée hospitalière de creuser le tombeau de Napoléon sous sa colonne triomphale, s'échappa d'une tête auguste, de ce jour, à cette heure, le bonapartisme avait vécu.

Le seul parti vraiment puissant en France, c'était le parti républicain ; mais ces hommes qui rêvaient la république en haine du despotisme, ne sont pas des théoriciens entêtés, qui, dédaigneux des principes et de leur application, s'attachent à un nom comme à une chimère ; là où ces hommes consciencieux et sans arrière-pensée rencontreront les garanties de la liberté civile et religieuse, de fortes barrières édifiées contre les envahissemens du pouvoir, quel qu'il soit, l'absurde doctrine du droit divin solennellement répudiée, le dogme sacré de la souveraineté du peuple solennellement reconnu, ils trouveront leur utopie réalisée. Ce parti est personnifié dans le général Lafayette, dont la prompte et loyale adhésion a prévenu le déchirement de deux opinions également généreuses, et fixé la victoire sur les drapeaux de la liberté. *La royauté telle que nous l'avons faite est la meilleure des républiques* ; ceux qui refuseront de croire à cet oracle émané d'une bouche non suspecte (j'en excepte quelques têtes ardentes, quelques jeunes gens dont le sang bouillonne encore au souvenir des scènes de carnage et d'horreur dont ils ont été les témoins ou les victimes), ceux-là, dis-je, seront de faux frères, de mauvais citoyens, et il s'en trouvera ; nous aurons ces hommes qui accusaient la tiédeur de M. de Polignac, et qui s'en prendront à la modération de M. de Lafayette. Tous les débris de Coblentz, tous les conjurés de Pilnitz et leurs adeptes, l'écume de l'émigration et des sacristies, toute cette tourbe va se grouper pour croasser la république; républicains de tréteaux, comme ils étaient dévots de place, qui n'ont jamais eu d'autres passions dans le cœur que la haine de leur pays et l'amour de l'étranger, véritables Français à l'envers, qui, dans l'ombre de leurs conciliabules, célébreront saintement l'anniversaire de Waterloo, et s'écrieront dans les épanchemens de leur intimité factieuse: *Nous avons été vaincus à Austerlitz.*

Reste donc cette grande, cette immense aggrégation des constitutionnels ou libéraux, qu'hier encore on appelait une faction et qui, du jour où les bateleurs ont disparu, où le fantôme a fait place à la réalité, se sont trouvés être la nation tout entière. C'est ce parti auquel s'étaient réunis tous les autres, moins les jésuites, qui a opéré le prodige des trois grandes journées; c'est lui qui a prodigué son sang en holocauste à la liberté, c'est lui qui a opposé aux bayonnettes suisses *le meilleur des boucliers, une poitrine découverte*, lui, qui sous la puissante égide des Gérard, des Laffitte, des Constant, des Schonen et des Périer, a renversé le roi très-chrétien et très-parjure, et porté Philippe sur le pavois; à lui se rattachent cette brave école Polytechnique, pépinière de savans et de généraux, et ces vaillantes écoles de Droit et de Médecine, qu'on a toujours trouvées en première ligne dans toutes les crises du pays; à lui, tous ces artistes, ces industriels, ces artisans qui délaissent leurs travaux, s'arrachent à leurs femmes et à leurs enfans, pour répondre au cri de la patrie en alarmes; à lui, cette admirable jeunesse, douée d'une conviction si profonde dans son amour du beau et du juste, que l'horreur de l'arbitraire, la violation du droit la précipitent avec l'instinct des héros dans *une insurrection devenue désormais le plus saint des devoirs*; tout ce grand peuple enfin, qui dépose sa colère en déposant ses armes, et qui, une fois sûr de la victoire, ne garde plus que sa pitié pour ce prince, au nom duquel tant de sang a coulé, prince sans vices ni vertus, dont la vocation était de ressusciter Childéric, et qui, sous le charme d'un favori, sous l'aiguillon d'un fanatique, est devenu le pâle continuateur de Charles IX.

Louis-Philippe est sur le trône, les Français de toutes nuances le bénissent et l'entourent, les coryphées des anciens partis le saluent et le soutiennent; Lafayette répond pour la république, Bertrand et Rœderer sont les cautions du consulat et de l'empire, et l'absence significative des Latil et des Tharin témoigne de la confusion des jésuites, présage heureux des prospérités de la France. Les yeux se promènent avec complaisance sur cette cour sans courtisans, où ils distinguent au premier rang un roi qui s'est fait homme, fier de commander à des hommes, ayant pour conseil la vérité, et pour flatteur le peuple.

Voici donc tous les partis ralliés sous la même bannière ! Que peuvent contre cette unanimité formidable quelques dissidens exaltés, quelques gentillâtres obstinés, quelques prélats mécontens, quelques fanatiques de cour ou de chapelle? Quand ils avaient une armée à leurs ordres, une police à leur dévotion, des trésors sous leurs mains, ils n'ont pu se maintenir, est-ce aujourd'hui que tout leur manque, qu'ils se feront conquérans? Leur rôle, c'est d'être conspirateurs, mais on conspire sous un despote, on ne conspire pas au milieu de tout un peuple qui veille sur son prince, qui veille sur ses droits! On peut bien publier quelques journaux incendiaires, le bon sens public en fait justice ; on peut bien soudoyer, débaucher quelques gens simples et irréfléchis, fomenter quelques coalitions d'ouvriers égarés, vains efforts d'une faction expirante! Bientôt la raison fait place à un moment d'ivresse et d'entraînement, tout rentre dans le devoir, et la garde citoyenne est là pour réprimer ceux que la raison n'éclairerait pas. Un fait tutélaire domine toute notre époque, c'est le besoin de l'ordre, et malheur à qui tenterait de le troubler.

Toutes les puissances ratifient par leurs ambassadeurs le triomphe d'une cause juste ; quelle que soit d'ailleurs leur sympathie plus ou moins grande pour le principe qui nous régit, elles ont senti qu'elles ne pouvaient qu'à leur préjudice se faire les soutiens du parjure, et leur intérêt, d'accord avec la morale, leur a dit que le bon droit, loyalement, courageusement défendu, commandait au moins leurs respects.

Ainsi, tout sourit à cette dynastie naissante, si glorieusement élevée sur les débris du despotisme et des préjugés gothiques ; tout s'empresse autour de cette heureuse famille, dont la touchante harmonie est un exemple si noble et si pur, offert à l'imitation des peuples; ce prince, ce Philippe, que nous saluons de tant d'acclamations, lui aussi il a connu l'exil, et il a su l'honorer, il n'en a pas rapporté d'amers souvenirs ; placé le premier sur les degrés du trône, il n'a pas respiré l'atmosphère des cours, il a vécu chez lui, au milieu des siens, encourageant les arts, protégeant l'industrie, secourant l'infortune ; soumis aux lois, mais libre en les respectant, il a accueilli toutes les gloires, tous les talens, toutes les opinions ; esprit supérieur aux préventions mesquines, il a voulu voir et juger par lui-même ; ses fils, il les a envoyés parmi nous, dans nos écoles : comme nos pères, il s'est attendri sur leurs succès ; leurs précepteurs, leurs guides, sont nos camarades, ceux que nous reconnaissions pour nos modèles et qui nous ont vaincus dans les concours ; en devenant roi, il ne sera pas devenu despote, ombrageux, jaloux, il n'aura fait qu'agrandir sa famille, il nous aimera comme ses enfans, il administrera la fortune publique avec l'ordre, l'économie, la régularité qu'il a apportée dans sa fortune particulière, et sous un tel chef les gaspillages de cour seront tout aussi impossibles que les persécutions des coteries.

De la marche à suivre par le gouvernement.

Malgré le rapprochement des partis et leur adhésion spontanée à la royauté nationale, on comprend que le nœud d'une alliance si nouvelle veut être serré avec adresse et fermeté tout à la fois, pour prévenir les divergences qui succèdent trop souvent à l'ivresse de la victoire, contenir des exigences injustes, en un mot, concilier efficacement les intérêts opposés et les prétentions rivales. La tâche de gouverner n'est pas chose facile dans ces circonstances délicates, et l'épreuve que nous venons de faire aurait pu être plus heureuse; la faute en est moins au caractère personnel des derniers ministres, que personne ne songe à attaquer, qu'à la composition même du ministère; à une époque aussi tranchée, après une révolution proprement dite, on sent le besoin d'un ministère homogène qui déploie franchement son système, qui marche droit au but, se mette à la tête du mouvement et le dirige, tandis qu'un ministère de fusion ne peut avoir de système et ne peut marcher, ainsi que nous l'éprouvons depuis deux mois; les débats intérieurs consument toute l'activité du cabinet, les projets de la prudence sont imputés à la peur, ceux de la confiance sont taxés de témérité; ces tiraillemens continuels paralysent l'action du gouvernement, et les indécisions du conseil entretiennent dans le public une inquiétude vague, à laquelle il était sage de mettre un terme; le tort du dernier gouvernement était de se montrer partout, celui-ci a pris le contre-pied et ne s'est montré nulle part, l'intention était excellente; sans doute le gouvernement doit se faire sentir le moins possible, mais il ne faut pas qu'il s'endorme, il faut qu'il veille sans cesse, quoique inaperçu, et que soudain il apparaisse dès que son intervention est devenue nécessaire; autrement l'on mettra en doute jusqu'à son existence, les méchans ne se croiront pas observés, les bons ne se croiront pas protégés, la malveillance se jouera de la faiblesse, et l'on verra ce que nous avons vu; la presse ennemie commencera par s'attendrir sur les infortunes d'augustes exilés, puis on vantera la douceur, l'humanité de ce roi débonnaire qui avait pour son peuple des entrailles paternelles et des canons chargés à mitraille ; puis on insultera à la légitimité du prince élu par la nation, on le proclamera le plus coupable de tous les Français qui l'ont couronné, et quand tant d'audace sera restée impunie, on s'enhardira, on se croira en force pour tenter une émeute, aussi avec impunité, et dans le compte perfide qu'on rendra de cette émeute, on aggravera les faits, on grossira le désordre, puis enfin, spéculant sur l'effet d'une allusion que l'on voudrait rendre prophétique, on ne craindra pas de tracer cette phrase écrite avec un poignard : « le roi et sa famille se sont retirés à » Neuilly, » phrase aussi indiscrète que coupable et qui révèle tous les vœux, tous les complots de la faction.

Non, le roi ne fuira pas devant vos odieuses machinations ; Valmy, Jemmapes déposent de son courage, comme la Suisse de ses vertus ; ce jeune duc d'Orléans, qui continue dans les rangs de la garde nationale son éducation si heureusement commencée dans nos collèges, il ne fuira pas non plus à l'exemple de ce général en lisières, qui s'appuyait à cinquante ans aux bras de deux menins, et qui ne sut pas monter à cheval pour défendre sa couronne, la plus belle de l'Univers.

Confians dans la bravoure et le sang-froid de nos princes, mettons-les néanmoins à l'épreuve le moins possible; ces succès-là coûtent cher, et ce qui n'est à Paris qu'un misérable guet-à-pens, prend en province, grace à la distance, au travail des imaginations et aux commentaires des méchans, le caractère d'une tentative redoutable; la tranquillité publique en reçoit une atteinte, dont se ressentent à l'instant tous les intérêts particuliers qui ont soif de confiance et de repos.

C'est au nom de tous les amis de l'ordre, que j'appelle l'attention de M. le préfet de police sur l'inconvénient et le péril de toutes les fausses nouvelles colportées par les crieurs publics, qui annoncent officiellement, comme extraits du *Moniteur*, les détails les plus mensongers sur l'apparition d'une armée prussienne à la frontière, la grande révolution qui vient d'éclater à Nîmes, le pillage de tous les grains dans la ville d'Auxerre, les attroupemems nocturnes qui ont investi le Palais-Royal. Toutes ces nouvelles ou dénaturées ou entièrement controuvées, sont proclamées avec emphase dans les faubourgs comme une victoire de la grande armée, et semblent n'avoir d'autre but que de provoquer les populations à imiter les attroupemens, le pillage et les mouvemens révolutionnaires dont on leur fait tant de bruit. On serait tenté de croire qu'une influence occulte et malfaisante, préside à ces publications alarmantes, quand on remarque qu'aucun acte du gouvernement, aucune mesure salutaire, aucun évènement favorable au nouvel ordre de choses, n'est porté par ce moyen à la connaissance du public. Je le demande, où en serions-nous si cette tolérance imprudente s'étendait aux départemens? Qu'on se figure ce qu'il en adviendrait, si un préfet laissait proclamer à Toulouse ou à Marseille, *les détails exacts de la grande révolution qui vient d'éclater à Paris.*

Le soin de sa propre conservation fait un devoir au gouvernement d'observer les démarches, de déjouer les intrigues de ces nombreux émissaires qui se croisent incessamment sur la route de Paris à Ludworth, et qui apportent à la régence carliste et à ses affidés le mot d'ordre de l'ancienne cour. La France ne doit pas faire les frais des complots qui se trament contre elle. A Dieu ne plaise que je demande des persécutions! la loi doit protection à ceux qui l'acceptent de bonne grace comme à ceux qui s'y résignent, mais elle ne doit que justice à ceux qui la bravent ; les trônes se perdent par la faiblesse et l'imprévoyance , moins odieusement mais avec autant de fracas que par l'entêtement et la férocité. Il ne faut pas que la générosité dégénère en duperie ; liberté pour tous , mais n'abusons pas des mots, et la liberté des conspirations n'est pas plus dans la Charte que la liberté du vol et de l'assassinat.

Je le répète, il ne suffit pas qu'un ministère soit animé du bien public, il faut encore que tous ses membres entendent le bien public de la même manière ; unité de vues , unité d'action, et la chambre que l'on a trouvée molle avec un ministère divisé ; deviendra ferme avec un ministère dont l'union fera la force. C'est une erreur de croire que l'on puisse consolider la liberté par les bras de ses ennemis , et cette erreur a été trop souvent commise ; aussi le personnel devra-t-il être l'objet d'une investigation sévère de la part de la nouvelle administration. On s'explique les plaintes un peu vives élevées contre un certain ministre, pourtant si avare de changemens, quand on voit les recettes particulières, places de faveur et d'envie, tomber en partage aux anciens gardes du corps, et quand les lois du cumul sont encore violées en faveur d'ex-membres des bureaux de charité, entachés de congréganisme, et qui réunissent, sans pudeur comme sans justice, plusieurs emplois administratifs largement rétribués..

Un principe tutélaire doit éclairer comme un fanal la route à suivre par le gouvernement, appuyé sur l'expérience du passé ; c'est d'apporter autant de soin à éviter les écueils de la première révolution, que les amis de l'ancien régime mettront d'efforts à l'y entraîner. Pour eux la marche est toute tracée ; propagation de bruits absurdes, doctrines anarchiques, appels à la souveraineté du peuple perfidement invoquée et poussée à l'extrême, captation des ouvriers, attroupemens soudoyés, rassemblemens menaçans, émeutes parricides, le tout faisant suite au grand exploit parlementaire des démissions emphatiques et concertées ; car il ne faut pas s'y méprendre, sauf quelques exceptions respectables, toutes ces démissions simultanées, presques calquées sur le même modèle, rappellent trop la première émigration ; c'est toujours la même tactique, le même calcul de dépit et d'égoïsme de la part de ces hommes qui n'ont rien appris et rien oublié. Tout n'est plus pour eux dans l'état, ils ne veulent plus rien être ; ils ne sont plus au gouvernail, que le vaisseau périsse. Il est bien avéré aujourd'hui que c'est la première émigration , à la tête de laquelle se trouvait le comte d'Artois, depuis Charles X , qui nous a précipités dans l'anarchie , et qui a causé tous les malheurs de Louis XVI. Cet essaim de fugitifs bourdonnant autour de nos frontières , entretenait un murmure sourd dans la nation. La défiance s'empara des esprits, une attitude menaçante , des manifestes incendiaires , des appels à l'étranger , mirent la fermentation dans toutes les têtes , et lorsque des correspondances interceptées , des intrigues découvertes , révélèrent que le malheureux monarque , trompé par de perfides conseillers , protestait au dehors contre la constitution qu'il jurait au dedans , l'irritation fut au comble , tout ce qui tenait à la cour ou de près ou de loin , tout ce qui portait un nom historique , toute l'aristocratie en un mot , devint suspecte , et comme de la suspicion à la mort il n'y avait qu'un pas , alors , mais seulement alors , l'émigration devint légititime ; les destinées de l'empire se trouvèrent forcément livrées à des hommes exaltés , corrompus , ambitieux , et concevant avec un instinct infernal qu'ils ne pouvaient se maintenir au pouvoir qu'en promenant le niveau sur toute la société. Le bourreau fut l'instrument de cette horrible pensée , et la hache abattit toutes les supériorités de la naissance et du talent. C'est à la première émigration, seule volontaire et seule coupable , qu'il faut faire hommage de ces sinistres trophées. Certes, si à l'exemple des Lafayette et des Lameth, les gentilshommes, comme on les appelait alors , étaient restés à leur poste pour défendre et cimenter l'alliance du trône et de la liberté, la digue aurait été opposée au torrent, les intrigans, les pervers n'auraient jamais prévalu ; la lie serait restée au fond du vase au lieu de monter à la superficie, et nous n'aurions pas à gémir sur les crimes de 93 ; le régime de la terreur ne serait pas écrit en caractères sanglans dans les annales de la France.

Grace à Dieu, les temps ne se ressemblent pas ; tont au contraire, la chambre que l'on a affecté de déserter s'est signalée bien moins par l'exaltation que par une excessive prudence ; loin d'être novatrice ni aventureuse, elle aurait besoin d'être stimulée plutôt que retenue dans son impatience d'obtenir les conséquences de la révolution ; l'espèce d'indifférence qui a présidé aux réélections, prouve que c'est moins de la composition de la chambre dont on s'inquiète, que de la manière dont elle sera mise en œuvre. Certes, une telle assemblée est peu disposée à renouveler les fautes et les emportements de la Convention, mais si, par impossible, il en était autrement, si, par une fatalité inconcevable, elle passait du calme à l'exagération, de la raison au délire, c'eût été à vous, qui vous croyez les seuls sages, les seuls vertueux, les seuls habiles, à lutter contre le monstre et à le terrasser, ce serait encore là le poste de l'honneur et de la fidélité, et non dans vos manoirs où vos vœux stériles appellent peut-être en secret ce que vous feignez de tant redouter.

Une opinion générale, sans méconnaître toutefois des intentions pures jointes à de rares talens, accusait l'inertie et l'indécision des derniers ministres, qui, bien différens de Fabius, se sont perdus en temporisant. Mais, si tous sont distingués par le don de la parole, par l'habitude de la discussion, par des connaissances spéciales et variées, que leur manquait-t-il donc? Le mouvement. Rien n'existe en ce monde qu'à la condition du mouvement. Tout État stationnaire devient forcément rétrograde, et c'est ce qui explique comment le dernier ministère qui, au bout de trois mois, en était presque au même point, sans s'être manifesté par un ensemble de grandes mesures ou proposées ou promises, paraissait rester en arrière de l'opinion, impatiente de s'élancer dans l'avenir. Sans doute, c'est le rôle du pouvoir d'être modérateur, il doit planter son drapeau entre les peureux et les audacieux, mais nous craignons que les derniers ministres, au nom de la prudence, ne se soient rangés, peut-être à leur insu, du parti de la peur. Aujourd'hui qu'il est reconnu que toute la force vient de la nation, cette nation veut être tenue au courant de ses affaires; si vous vous renfermez dans des formes solennelles, dans la circonspection du langage, toutes les têtes sont en travail pour pénétrer vos plans, pour deviner et influencer vos résolutions. Si, au contraire, vous proclamez hautement votre système, si vos paroles sont nettes et positives, l'opinion fera un temps d'arrêt, elle attendra avec sécurité la réalisation de vos promesses, et quand le terme sera arrivé, toute l'activité des esprits s'épuisera dans l'examen licite, dans la discussion plus ou moins bienveillante, plus ou moins vive, mais parfaitement légale, des mesures soumises aux chambres. Certes, les dépositaires de l'autorité ne sont pas obligés de répondre à toutes les interpellations qui pourraient leur être adressées au gré du caprice ou de la curiosité. Cela ne serait ni digne ni convenable, ils ne sont pas sur la sellette au banc des ministres, mais ils doivent saisir avec empressement toutes les occasions d'éclairer l'esprit public, de manifester leurs vues, et de satisfaire à cette ardente passion de la politique dont le peuple est tourmenté, et qui est le caractère dominant de l'époque.

Telle est la marche que nous voudrions voir adoptée par les nouveaux ministres ; qu'ils parlent, qu'ils se montrent, qu'ils agissent. Ce n'est qu'à ce prix qu'ils pourront conserver dans le conseil du prince la popularité qu'ils ont acquise dans les rangs de l'opposition.

Je prends pour exemple des inconvéniens qu'entraîne le silence ministériel, la question des monopoles ; le principe de liberté générale est aujourd'hui reconnu, mais il est de la plus haute importance de savoir quelle extension on lui donnera, et à quelle époque il recevra son application. Il est des professions telles que celles des notaires, des agens de change, des avoués, qui ne pourraient jamais être ouvertes à tout le monde sans ébranler la propriété, porter atteinte au crédit et compromettre la société tout entière ; mais il n'est pas impossible que le cadre soit élargi, et que le nombre des titulaires soit augmenté. Il est d'autres professions, au contraire, qui, hors du domaine de la science, n'appartiennent absolument qu'à la libre industrie ; un jour doit venir où celles-ci ne seront plus assujetties qu'aux simples précautions réclamées par la police ; les charges des officiers publics , les fonds des commerçans représentent une valeur fictive qui excède des milliards, et dont s'alimentent toutes les transactions sociales. En attendant que les questions que nous venons de poser à leur égard soient résolues , sinon dans leurs détails et quant au mode d'exécution , au moins quant au fond et au délai, la valeur de tous ces états est précaire. Aucun traité , aucune mutation ne peut avoir lieu aujourd'hui de telle ou telle profession dont le privilège , c'est-à-dire la vie peut expirer demain ; et par cet état d'incertitude , des capitaux énormes se trouvent paralysés , le commerce est languissant et le crédit considérablement affecté.

Des regrets inspirés par la communauté de sentimens avec les ministres démissionnaires , ont rendu injuste envers leurs successeurs. On a comparé la nouvelle administration à celle de M. de Polignac , on s'est préoccupé de ce parallèle au point d'écrire que cette nouvelle administration compterait à peine quarante membres dans la chambre, et sur quoi s'appuie-t-on pour cela? Sur ce que les derniers ministres ont toujours réuni une grande majorité. Mais c'est beaucoup moins de ce que les derniers ministres ont fait qu'on se plaint , que de ce qu'ils n'ont pas fait ; là est le nœud de la question. Il y a entre le nouveau ministère et celui du 8 août , la même différence qu'entre le génie du mal et le génie du bien ; MM. Lafitte, Dupont, Montalivet, Mérilhou , ne sont après tout que l'expression plus prononcée , plus vivante des principes invoqués par MM. de Broglie et Guizot, leurs noms sont populaires tandis que celui de M. de Polignac était antipathique. La chambre élective, malgré l'étrange amalgame qu'elle renferme, se compose en immense majorité d'hommes dévoués à l'ordre de choses actuel, qui ne reculeraient que devant des propositions équivoques ou perverses, et qui appuieront avec confiance le ministère loyal de MM. Laffitte, Sébastiani et Gérard, et de ce jeune pair de France, doué d'une maturité si précoce, le digne et vrai représentant de la génération nouvelle. Certes, ce n'est pas M. Dupin, l'ami et le familier du roi, ce ne sont pas des mandataires aussi consciencieux que MM. Périer, Jacqueminot et Salvandy, qui susciteraient des obstacles au gouvernement et prêteraient le secours de leurs noms et de leurs talens à une opposition systématique, moralement impossible, et cependant la seule capable de laisser les ministres en minorité dans la chambre. L'avènement du nouveau ministère aura, je l'espère du moins, cet heureux effet qu'il retrempera l'esprit de l'assemblée, fatiguée par une session déjà longue et peu fructueuse, en imprimant à ses délibérations le mouvement d'une volonté forte. Au dehors son influence agira puissamment sur les masses; en ôtant tout prétexte aux agitateurs, elle diminuera les chances de trouble, elle préparera une voie plus facile à l'issue du grand procès, où, suivant la belle expression de MM. Salverte et Bérenger, la France demande justice et non vengeance; et si notre attente était trompée, au moins la question serait-elle considérablement simplifiée ; il serait clair alors que l'on n'aurait affaire qu'à la malveillance, et l'on n'hésiterait plus sur l'emploi des moyens propres à la réprimer.

Puissent nos vœux n'être pas déçus ; puisse le ministère remplir avec succès sa grande et difficile mission ; puisse notre chère patrie retrouver le calme sans lequel la gloire et la liberté ne sont que des biens stériles ! Ne laissons pas à nos ennemis la consolation détestable d'injurier notre belle révolution en lui imputant les embarras financiers, la stagnation des affaires, la souffrance des intérêts matériels. Si la crise commerciale se prolonge, c'est que le mal s'opère en un jour, et que le bien ne vient que progressivement et pas à pas ; en un jour on consomme un odieux parjure, en un jour, on porte le fer et la flamme dans une cité paisible et florissante, en un jour on immole à son fatal caprice des milliers de victimes, on met le deuil et la ruine au sein des familles ; des années suffisent-elles pour réparer de si grands désastres ?... Grace à Dieu, en un jour aussi, d'esclave on devient libre ; la liberté, source de vie et de prospérité, guérira des maux dont elle gémit et dont elle n'est pas complice.

Adversaire constant des divers systèmes plus ou moins erronés, plus ou moins coupables, successivement essayés depuis la restauration, nous éprouvons un doux sentiment de surprise à parler aujourd'hui au pouvoir avec bienveillance et cordialité. Il ne fallait pas moins qu'une révolution pour que des écrivains qui ont combattu quinze ans tous les ministères, pussent se ranger en conscience sous la bannière ministérielle, mais cette bannière est tricolore , mais tous les grands souvenirs patriotiques s'y rattachent depuis la glorieuse journée de Jemmapes jusqu'aux mémorables journées de juillet , mais tous les citoyens l'ont suivie ou défendue depuis le simple soldat de la République ou de l'Empire , jusqu'au prince illustre qui honore aujourd'hui le trône par l'heureuse alliance des vertus civiques et des vertus privées ; mais la révolution de 89 si long-temps insultée et calomniée comme une chimère et un mensonge , mais la Charte , qui en consacre les principes , si long-temps travestie et défigurée , ont reçu dans le sang de nos braves et immortels concitoyens , le baptême de la vérité.

A. RANDOUIN ,

Chasseur de la garde nationale ,

2e légion , Cie Dupaty.

Paris , novembre 1830.

IMPRIMERIE DE H. FOURNIER ,

RUE DE SEINE , N. 14.

www.ingramcontent.com/pod-product-compliance
Lightning Source LLC
Chambersburg PA
CBHW051415060726
47596CB00005B/2230